普通国省道公路
日常养护图册

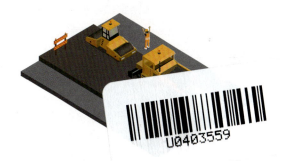

主编：云南省公路局

云南省交通规划设计研究院有限公司

(陆地交通气象灾害防治技术国家工程实验室)

中公高科养护科技股份有限公司

(公路养护技术国家工程研究中心)

人民交通出版社股份有限公司

北　京

序

  中国自古就有"修桥补路"的优良传统。早在西周时期就设"司空",负责按季节整平道路,比如"列树表道,立鄙守路""雨毕除道,水涸成梁"等等。但那时的路多是土路,桥涵以木制和石砌为主,交通量也很小,故养护技术比较简单,要求也不高。

  随着社会的发展与进步,如今的路早已"今非昔比",不仅结构变复杂了,材料也多种多样,所承载的交通量更是发生了翻天覆地的变化,养护的需求"与日俱增",养护的技术也需要"与时俱进"。

  目前,我国根据实施及管理方式的不同,将公路养护工作分为日常养护与养护工程两大类。其中,日常养护包括日常巡查、日常保养和日常维修。日常养护是公路养护工作中最基础和最常用的养护方式,它需要对公路各组成部分(包括附属设施)每年按需进行"频繁"的日常作业,以保持公路原有良好状态和服务水平。和其他养护方式相比,日常养护虽然只是"小修小补",但因为需要"频繁"作业,并且属于"防患于未然"的养护行为,所以其重要性和必要性更加突出。

  一直以来,普通国省道在交通运输网络中发挥着"骨干"作用。据统计,目前我国普通国省道里程已超过 70 万 km,普通国省干线网络不断完善,通达深度也不断提高。根据中共中央、国务院最新发布的《国家综合立体交通网规划纲要》,到 2035 年,国家公路网规划规模 46 万 km 左右，其中普通国道网 30 万 km 左右。为保持已建公路的使用质量和服务水平，公路养护管理工作需要进一步规范化，养护作业需要更加标准化，特别是从事一线公路养护工作人员的实操水平也需要进一步提高。

《普通国省道公路日常养护图册》从一线公路养护人员的实际工作需求出发，以图文并茂的形式分类介绍了公路日常养护工作要点，并配套现场养护工作的案例视频，以口袋书的形式装帧设计，既好看好用，又便携便查。

希望本书能获得广大一线公路养护工作者的喜爱，为我国的公路养护事业注入新的生命力！

云南省公路局
2021 年 5 月

前言

随着我国公路建设事业的蓬勃发展,国省道公路的里程逐年增长,公路日常养护的需求也与日俱增。

为提升公路养护管理水平和提高公路运输服务能力,云南省公路局通过国内外调研及工程化验证,引进、吸收和消化国外发达国家及国内先进省份公路日常养护管理经验、养护决策方法、养护技术、施工工艺与工法、材料与设备运用、质量控制方法等内容,形成一套完整的公路日常养护管理及技术体系,填补了国内空白。

为将上述研究成果更好地服务于公路日常养护的实地工作,我们特针对一线公路养护人员的认知特点和实际需求,组织相关专家编写和绘制了这本口袋书——《普通国省道公路日常养护图册》。本图册根据公路日常养护作业的基本要求,分别从巡查、路基、路面、桥涵、隧道、安全设施、绿化、养护安全作业等方面展开介绍,并用简明手绘图展示典型工艺,用配套视频讲解操作难点。本图册除适用于普通国省道公路的日常养护作业,也可供从事农村公路日常养护工作的一线人员参考阅读。

本书的编写和出版得到了相关领导和专家的指导和帮助,也得到了"世界银行贷款云南公路资产管理项目"的大力支持,在此一并表示感谢!

作为公路养护行业的第一本图册类口袋书,本图册难免存在不足和疏漏之处,还请广大同行和读者批评指正,特此致谢!

编 者

2021 年 3 月

本书编委会

主编单位： 云南省公路局

云南省交通规划设计研究院有限公司

（陆地交通气象灾害防治技术国家工程实验室）

中公高科养护科技股份有限公司

（公路养护技术国家工程研究中心）

编写人员： 黎 晓　林 翔　周沛延　闫春雨　代 攀
李 强　许 鹏　房 锐　张莹莹　郑少鹏
陈亮亮　陈华斌　马 力　李春晓　胡澄宇
尹 肖　严 琦　余 敏　沈新慧　杨智敏
马惠平　黄 林　张 渊　刘峻薇　王梦婷
王 娜　郭红蕊

目录

1 巡查   002

日常巡查	003	专项巡查	006
路况调查	005		

2 路基   007

路基日常养护作业   008
路基日常养护典型工艺   009

路肩裂缝处治	009	路堑边坡浮石清除	019
路肩杂草清除	010	排水设施清理疏通	020
土路肩横坡处理	011	排水设施维修加固	021
路肩加固修复	012	护坡及支挡构造物杂物清除	022
边坡坡面加固	014	挡土墙裂缝修复	023
边坡绿化修整及杂草清除	015	防护设施局部损坏修复	024
边坡冲刷处治	016	路基翻浆处治	025
边坡坍塌处治	018	填补路基缺口	026

3 路面　　　　　　　　　　　　　　027

路面日常养护作业　　　　　　　　028
沥青路面日常养护典型工艺　　　　　029

贴缝带处治裂缝	029	冷铣刨—热摊铺	041
清缝灌缝	031	回填压实	045
开槽灌缝	033	精铣刨	047
挖槽回填	035	撒布碎石	048
刮油封裂	038		

水泥路面日常养护典型工艺　　　　　050

接缝修复	050	坑洞病害修复	054
轻微裂缝修复	051	拱起病害修复	055
板角断裂修复	053	错台病害修复	056

4 桥涵　　　　　　　　　　　　　　059

桥涵日常养护作业　　　　　　　　060

桥涵日常养护典型工艺 061

桥涵保洁	061	支座保养	066
桥梁排水系统	062	墩台表面病害修复	067
桥梁栏杆、护栏的养护	063	漫水桥养护	068
钢筋混凝土梁桥梁体露筋修复		涵洞、通道清淤	069
（非结构性破坏）	064	涵洞、通道渗漏	070

5 隧道 071

隧道日常养护作业 072
隧道日常养护典型工艺 073

路面清洁	073	通风设施检查及维护	079
内装饰清洁	074	监控与通信设施检查及维护	080
排水设施清理疏通	075	消防设施检查及清洁	081
标志标线清洁	076	横通道、人行道、检修道	
供配电设施检查及维护	077	日常养护	082
照明设施检查及更换	078	其他工程设施日常养护	083

6 安全设施 084

安全设施日常养护作业 085

安全设施日常养护典型工艺 086

防眩板、轮廓标维护 086	避险车道维护 094
波形梁钢护栏保洁 087	视线诱导设施维护 095
波形梁钢护栏更换 088	减速设施维护 096
混凝土护栏维护 090	转弯广角镜维护 097
缆索护栏维护 091	标志牌维护 098
隔离栅维护 092	标线清洗 099
里程碑、百米桩、界碑、示警桩维护 093	标线修复 100

7 绿化 101

绿化工程日常养护作业 102
绿化工程日常养护典型工艺 103

绿化浇水排水 103	支撑、扶正 109
绿化施肥 104	行道树刷白 110
绿化修剪 105	绿化栽植 111

8 养护安全作业 112

养护安全作业注意事项 113	养护作业控制区常用防护设施 118
养护作业控制区 116	养护作业控制区常用标志牌 119

巡査

1

日常巡查

日常巡查内容

各类公路工程构造物及设施,以及易诱发路面病害或影响通行的积水、积雪、积冰、污染物、散落物、路障等情况。

日常巡查频率

一般要求日常养护责任人坚持每天上路作业,不具备条件的,原则上每周不低于2次。

日常巡查方式

宜采用乘车、骑行或步行方式每天上路巡查,乘车巡查过程中发现路面突发病害及异常情况时应停车辅助人工检查。

日常巡查记录

应记录路域范围内突发病害及异常情况的说明、图片等信息,并及时整理、汇总巡查记录,录入相关信息管理系统。

日常巡查中发现重大情况应按相关规定及时报告。

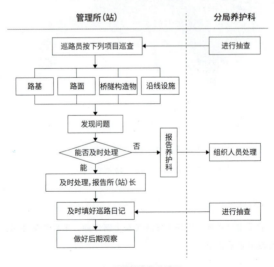

日常巡查作业流程

路况调查

1. 人工调查主要针对路面污染、障碍物、积水积雪、损坏等路面情况和排水、路肩边坡、防护支挡结构等路基情况。

2. 路面损坏采用人工调查时应丈量各类损坏的尺寸。同一位置存在不同路面损坏时,应按损坏权重最大的计算。调查包含所有行车道,紧急停车带按路肩处理。

3. 每季度组织一次技术状况调查与检测,日常巡查发现路况变化明显时,应增加技术状况调查与检测的频率。

专项巡查

1. **专项巡查内容**
   专项巡查包括：雨季巡查、冬季巡查、夜间巡查。巡查内容包括：路基、路面、桥涵、隧道、沿线设施等。

2. **专项巡查方式**
   步行与驾车相结合方式，每月开展 3 次，且至少 1 次为步行巡查。

3. **雨季巡查**
   雨季巡查实行"三查"制度，即雨前查隐患、雨中查险情、雨后查毁损情况。雨季期间，应加强对桥涵、防护及排水构造物的巡查监控，发现隐患，及时上报。巡查人员应做好自身安全保护措施。

4. **冬季巡查**
   冬季巡查应加强对长纵坡、急弯陡坡、临水临崖、事故多发路段的巡查，及时处置影响道路交通的事件，保障公路设施完好、安全和畅通。

5. **夜间巡查**
   夜间巡查应重点检查公路、桥梁夜间交通安全设施的反光技术状况、夜间占道经营情况，及时处置、上报、更换或修复。

路基

2

路基日常养护作业

路基日常养护作业内容

序号	作业对象	内　　容
1	路肩	修整缺口；修复路肩坍塌及硬路肩；处治裂缝；清理杂草及堆积物；处治硬路肩脱空；路肩排水不良处理；处治土路肩病害
2	边坡	清理边坡堆积物及杂草；清除碎落崩塌；处治边坡裂缝；边坡修补、加固；边坡植被修整
3	排水设施	排水设施疏通；排水设施损坏修复
4	防护及支挡结构物	除草保洁；处治挡土墙裂缝；挡土墙泄水孔疏通；修复局部破损；沉陷、倾斜修补
5	路堤与路床	路基翻浆处治；轻微沉陷处治

路基日常养护典型工艺

路肩裂缝处治

路肩裂缝,是指路肩出现纵向裂缝、横向裂缝、龟裂、块裂等开裂性病害。

对于硬路肩出现裂缝,其处治措施与相应类型路面工程裂缝处治措施相同。

对于土路肩出现裂缝,其处治措施包括修补裂缝、硬化土路肩或采用植草加固的方法。

路肩杂草清除

扫扫看

对于人工种植的草皮,应组织绿化养护人员,经常性地清除草坪中的杂草。

对于自然生长的草皮,应组织绿化养护人员,阶段性地对草坪进行修剪,控制草高(含杂草)不得超过 15cm。

硬路肩上杂草清理后应及时用 M10 砂浆或沥青灌缝料予以灌注,防止雨水渗入。

土路肩横坡处理

　　填补时采用手扶式振动压路机或平板振动夯压实。

　　填补厚度大于15cm时,分层填筑夯实。对铲除的多余土方及用于填补的材料,不宜长时间堆积在路肩上。

　　料堆内边距路面边缘至少保持30cm,以利行车。

　　每隔10~20m必须留出不少于1m的空隙,以利排水,且堆放时间不宜超过10天。

路肩加固修复

砌石硬化

在原土路肩开槽,开槽宽度同土路肩,开槽深度视破损情况确定,最小深度应大于33cm。

砌筑M10砂浆片石,厚度30cm,横坡与硬路肩相同。

采用M10水泥砂浆抹面,厚度3cm。

❶ 修复前

❷ 修复中

❸ 修复后

水泥混凝土硬化

在原土路肩开槽,开槽宽度同土路肩,开槽深度10cm。

现浇 C20 水泥混凝土或铺砌 C20 水泥混凝土预制板。

对存在较严重软化现象的土路肩,开槽后需对基底进行夯实处理后再硬化处治。

边坡坡面加固

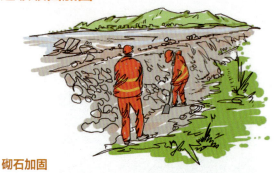

砌石加固

❶ 干砌片石护坡

河道水流速度在 2~4m/s 时,可采用干砌片石护坡。

片石护坡厚度不小于 30cm,并在护坡层下设置厚度不小于 15cm 的粗砂、砾碎石或卵石作为反滤层。

❷ 浆砌片石护坡

水流速度在 4~8m/s 时或常水位淹没部位,可采用浆砌片石护坡。护坡厚度不小于 35cm,并在护坡层下设置厚度不小于 15cm 的粗砂、砾碎石或卵石作为反滤层。

❸ 浆砌块石护坡

对水流冲刷严重地段,可设置浆砌块石或混凝土浸水挡土墙。其基础埋置在冲刷线以下 1m,冰冻线以下 0.25m,基础前设冲刷防护设施,墙身设泄水孔。

边坡绿化修整及杂草清除

❶ 边坡杂草清除

扫扫看

❷ 边坡绿化修整

对于人工种植的草皮,应组织绿化养护人员,经常性地清除草坪中的杂草。

对于自然生长的草皮,应组织绿化养护人员,阶段性地对草坪进行修剪,控制草高(含杂草)不得超过15cm。

边坡冲刷处治

土路堑边坡出现冲沟时,可用黏结性良好的土及时填塞捣实,也可用塑料编织袋装土分层填实,或采用打木桩回填土方等方式处理。如出现潜流涌水,可开沟隔断水源,将水引向路基以外。

填土路堤边坡因雨水冲刷,易形成冲沟和缺口,可用黏结性良好的土及时修补拍实(对于雨季冲刷严重路段,可用水泥混凝土填补),也可用塑料编织袋装土分层填实,或采用打木桩回填土方等方式处理。

对较大的冲沟和缺口，修理时将原边坡挖成台阶形，然后分层填筑夯实，并注意与原坡面衔接平顺。

如果冲沟较大，也可将该处改成泄水槽，或用浆砌块（片）石等其他形式进行修补；或修建截水沟将水引走，并注意和周边环境及排水系统相协调。

检查路基地表排水设施（包括边沟、截水沟、排水沟、跌水与急流槽等）是否存在缺失，并做好进出口的疏通及加固，防止产生堵塞、溢流、渗漏、淤积、冲刷和冻结。

对于坡脚受冲刷较严重的，建议增做钢筋笼等防护，并因地制宜，采用构筑物、拦水带改变水流方向，避免冲刷持续加重。

由于雨水冲刷形成冲沟时，应在 2 天内安排人员进行处治。

边坡坍塌处治

发生边坡塌方或滑坡时,应第一时间在道路两端设置临时警告、警示标志,及时疏通排水或开挖临时排水措施,保证交通和施工安全,并按照"先保通后保畅"的原则及时清理塌方。

清理以后,应进行整形、恢复、防护、加固。

对于小型塌方或水沟阻塞要及时清理,畅通排水;清理体积较大的塌方体,要求集中堆放,应做好相应的防护,满足环水保要求;特殊较大的塌阻,应及时组织清理并抢修通车。

遇有较大的塌方阻塞且暂时不能清通的,要在当日开挖临时排水沟将水排入侧沟内,待塌方清完时将侧沟清通;侧沟若有小塌阻的要及时清通。雨季前要将侧沟全部清通,并进行全面清理。

路堑边坡浮石清除

❶ 清理边坡浮石

❷ 人工清理边坡落石

❸ 机械化清理边坡落石

应对边坡风化岩石及时清理,保证道路安全畅通。

排水设施清理疏通

扫扫看

❶ 人工清理边沟

❷ 机械化疏通清理边沟

　　定期全面清除边沟、泄水槽、截水沟、排水沟、跌水井和急流槽中的杂物、泥土、杂草，保证排水畅通，沟内无积水。

　　及时维修损坏的排水设施，特别是及时修补已破坏的边沟沟底，防止边沟水长期侵蚀路基及其他支挡结构物基础，造成更大的危害。

排水设施维修加固

❶ 更换边沟破损盖板

❷ 盖板边沟维修流程

准备盖板 ↓ 清除损坏部分 ↓ 砌筑侧墙 ↓ 安装盖板

盖板边沟维修

准备好备用的同类型盖板(如铸铁盖板或钢筋水泥混凝土盖板)。

清除已损坏的盖板、侧墙、底板。

按原结构形式,砌筑浆砌片石或浇筑水泥混凝土侧墙。

安装备用盖板。

护坡及支挡构造物杂物清除

  人工及时清除护坡上被弃落的各种杂物,坡面要求整洁,无垃圾杂物,绿化美观,其保洁频率要求每月不少于2次。

  人工及时清除挡土墙、锚固工程上被弃落的各种杂物,要求整洁,无垃圾杂物,绿化美观。

挡土墙裂缝修复

对已经停止发展的挡土墙裂缝,可用 M10 水泥砂浆人工直接填塞,有条件时尽量采用压浆机灌注。

对防护结构物表面轻微裂缝及损坏的勾缝,及时采用 M10 水泥砂浆勾缝。

```
开始
  ↓
采用 M10 砂浆进行勾缝修复,要求配料准确,稠度适宜,拌和均匀,施工过程中要挂牌标识
  ↓
人工拌和,必须配备铁板槽,以防污染路面
  ↓
勾缝一般采用平缝或凸缝,宽窄均匀,缝边齐整圆顺,缝高于石面 3mm 左右
  ↓
抹面要厚度适宜,尺寸准确,抹面前洒水润湿,清理干净风化的松散砂浆,用砂浆填实后,再进行勾缝
  ↓
勾缝抹面完后,洒水养生 7~14 天,并覆盖浸湿的草席、麻袋或塑料布
  ↓
结束
```

作业流程

防护设施局部损坏修复

　　既有防护及支挡结构物维修加固前,应对病害及其严重程度、既有结构物的功能有效性进行评估,决定是否适宜开展日常养护。

　　坡面防护工程出现局部松动、脱落、损坏、隆起、裂缝等病害时,应按原防护形式及时修复。

　　植物防护工程出现缺损时,应及时补栽修复。

　　冲刷防护工程受到洪水、波浪或流水冲击,坡脚发生局部破坏时,应及时采取抛压片石防护、石笼压盖等措施进行处治。

路基翻浆处治

换填改良

换填材料宜采用级配较好的砾类土、砂类土等粗粒土,填料最大粒径应小于 100mm,填料的 CBR(加州承载比)值应符合现行规范的相关要求。

换填改良材料的配合比应通过试验确定。

换填区与相邻路基衔接处应开挖台阶。

换填施工应减少对老路基的扰动,及时做好开挖回填及防排水工作。

填补路基缺口

拆除已损坏护坡,清理松散土方。

对边坡缺土部分,分层回填、夯实 4%~6% 水泥稳定土或 6%~8% 石灰稳定土至规定坡度。

铺设 10~15cm 厚砂垫层。

现浇 C20 水泥混凝土,或铺砌规格为 40cm×60cm×10cm 的 C20 水泥混凝土预制板。

路面日常养护作业

路面日常养护作业内容

序号	作业对象	内　　容
1	沥青路面	处理沥青路面的泛油、拥包、裂缝、松散等病害；沥青路面修补坑槽、沉陷；处理波浪、龟裂、啃边等病害
2	水泥路面	日常清缝、灌缝；水泥混凝土路面板块的坑洞、断角等局部修理
3	路面保洁	清除路面泥土、杂物，保持路面整洁；排除路面积水，疏通路面排水，清除积雪、积冰、积沙，铺防滑料或压实积雪维持交通

沥青路面日常养护典型工艺

贴缝带处治裂缝

❶ 清理裂缝

　　用扫帚和钢丝刷清扫裂缝及边缘灰尘，高压吹风机吹净裂缝内及裂缝周围 20cm 范围内的杂物及灰尘。

　　若气温低于 10℃ 或裂缝内壁潮湿时，需对裂缝进行加热烘干，采用加热喷枪预热裂缝边缘部位。

❷ 安装贴缝带

　　沿裂缝走向粘贴贴缝带，同时用橡胶滚轴（或橡胶锤）进行碾压，保证贴缝带与路面粘贴紧密。

❸ 开放交通

在贴缝完成后应进行外观检查,检查表面是否平整、贴缝带与路面黏结是否紧密,有无气泡鼓包。

贴缝完成后 15~30min 开放交通。

注意事项

1. 铺设贴缝带后宜采用橡胶滚筒进行滚压。

2. 如遇不规则的裂缝,可用剪刀将贴缝带剪断,按裂缝走向跟踪粘贴,在贴缝带结合处需进行重叠,重叠长度应为 20~50mm,但不能超过两层以上的重叠。

清缝灌缝

扫扫看

❶ 清理裂缝

用扫帚和钢丝刷清扫裂缝及边缘灰尘，高压吹风机吹净裂缝内及裂缝周围 20cm 范围内的杂物及灰尘。

若气温低于 10℃ 或裂缝内壁潮湿时，需对裂缝进行加热烘干，采用加热喷枪预热裂缝边缘部位。

❷ 预热密封胶

启动密封胶加热设备，当加热至 80~100℃ 后，启动沥青搅拌器对密封胶进行搅拌，以保证密封胶受热均匀。当密封胶被加热到 160~180℃ 时，采取保温措施。

❸ 灌缝

使用灌缝机封缝,由低的一端向高的一端灌注,灌缝应均匀一致,避免漏灌和填缝料外溢现象。

如有漏灌现象则人工及时补齐;若填缝料外溢流淌,影响路面平整度与路容时应予以清除。

❹ 开放交通

灌缝结束 15~30min 后开放交通。

注意事项

1. 施工时环境温度应不低于 5℃。
2. 密封胶加热温度必须严格控制,不得超过规定的加热标准。
3. 灌缝过程中,应控制喷枪拖动速度,确保裂缝内灌满密封胶。

开槽灌缝

❶ 预热密封胶

启动密封胶加热设备,当加热至 80~100℃后,启动沥青搅拌器对密封胶进行搅拌,以保证密封胶受热均匀。当密封胶被加热到 160~180℃时,采取保温措施。

扫扫看

❷ 开槽扩缝

采用开槽机沿着裂缝位置进行开槽处理,开槽宽度宜为 10~20mm,宽深比宜控制在 1~2 之间。

❸ 清扫裂缝

用扫帚进行清扫,必要时采用钢丝刷清刷裂缝边缘灰尘,高压吹风机吹净裂缝周围及裂缝内的杂物及灰尘。

若气温低于 10℃或裂缝内壁潮湿时,需对裂缝进行加热烘干,采用加热喷枪预热裂缝边缘部位。

❹ 灌缝

使用灌缝机将预热完毕的密封胶灌入裂缝,由低的一端向高的一端灌注,灌缝应均匀一致,避免漏灌和密封胶外溢现象。

如有漏灌现象则人工及时补齐;若填缝料外溢流淌,影响路面平整度与路容时应予以清除。

❺ 开放交通

灌缝结束待密封胶完全冷却 15~30min 后开放交通。

为了提前开放交通,在灌缝密封胶上可撒布或采用喷雾设备均匀喷洒少量细砂,防止密封胶粘轮。

注意事项

1. 开槽填封宽度 ≤ 50mm,并高于路面 1.5~2.5mm。
2. 施工时环境温度应不低于 5℃。
3. 密封胶加热温度必须严格控制,不得超过规定的加热标准。
4. 清缝后,应确认裂缝边缘无明显的杂物灰尘,槽边缘无松动脱落部分,裂缝内部干燥。
5. 灌缝过程中,应控制喷枪拖动速度,确保灌缝密实。

挖槽回填

扫扫看

❶ 准备工作

估算病害开槽的面积和深度,准备足够的、符合要求的乳化沥青及沥青混合料。检查施工机械设备,确保设备运转正常。

病害修补形状基于实际病害范围往四周扩大 10~15cm,并按照"圆洞方补、斜洞正补"的原则确定,其边线应与路面中心线平行或垂直。

❷ 切缝开槽

使用切缝机沿划定范围进行切缝,并采用风镐或小型挖掘机将划定范围内的材料凿除。

开槽应开到层位稳定部分,槽壁要垂直。

❸ 界面清理

使用高压吹风机清理修补界面，修补槽面和槽壁要干净、无杂物和浮灰、无松动集料，槽底无龟裂、唧泥和渗水现象；出现潮湿槽面时要烘干。

❹ 涂刷黏层油

在干净的槽底和槽壁上刷一薄层乳化沥青黏层油，并注意不能形成黏层油堆积，用量控制在 $0.3~0.6\ kg/m^2$，宜为 $0.5\ kg/m^2$。

❺ 回填沥青混合料

将沥青混合料摊铺至坑槽中，单层最大厚度不超过4cm，分层填筑时，中下层厚度可适当调整，根据坑槽体积按 1.15~1.3 的松铺系数确定回填混合料体积。

❻ 压实

采用轻型压路机或小型压实设备对回填沥青混合料进行压实，碾压5~6遍，确保每层压实度不低于95%，碾压时混合料温度不低于120℃。

❼ 封边

为避免路表水沿着修补接缝处下渗至路面深处，压实后，使用灌缝设备沿着接缝处进行封边，形成具有一定宽度的密封带，封边工艺要求与裂缝灌缝处治一致。

注意事项

1. 利用风镐挖除旧路面时，应根据病害的严重程度决定挖掘的深度。因基层强度不足引起破坏的，必须处理到基层，并保持开挖面的整齐；对由于基层、底基层损坏而造成的路面坑槽，应将损坏的基层、底基层清理干净，用素混凝土或沥青碎石重做基层、底基层后，再进行路面修补。

2. 雨季期间，沥青路面坑槽面积小于 $3 m^2$ 的病害，难以用热拌沥青混合料修补，可用冷补料进行临时修补，待天晴后及时用合适材料更换修补。

刮油封裂

扫扫看

❶ 清扫路面

清扫路面病害范围内的泥土、灰尘、污垢及杂物,清扫范围略大于处治面积。

❷ 划定处治范围

用粉笔画出处治范围轮廓线,处治范围应全部覆盖病害范围,并满足"圆洞方补、斜洞正补"的几何图形要求,保证病害修复后的图形美观。

❸ 摊刮第一遍热沥青

在处治范围内均匀喷洒热沥青并及时用刮板摊刮均匀。热沥青摊刮温度以 120~140℃ 为宜(低温地区温度可提高 10℃)。温度过高沥青易流淌，温度过低沥青不易摊刮。

摊刮厚度以 1mm 为宜，用油量控制在 0.8~1.0kg/m²。

❹ 铺贴加筋材料

第一遍热沥青摊刮均匀后，及时将所采用的植筋网、防水布或玻纤格栅等抗裂加筋材料铺贴于沥青层面，并抹铺平整。

铺贴范围应略小于刮补处治面积，以每边缩进 3~5cm 为宜。

❺ 摊刮第二遍热沥青

在铺贴好的抗裂加筋材料表面喷洒第二遍热沥青，应严格控制沥青用量，以 0.5 kg/m² 用量为宜。

❻ 撒布细料

第二遍热沥青摊刮均匀后,在沥青温度尚未过多散失时,及时均匀撒铺一层5mm厚的干燥洁净的细料或粗砂。

❼ 压实

在摊刮后的沥青温度为60~80℃时,用轻型压路机或日常养护专用机具平板夯夯压撒铺的集料,使集料颗粒充分嵌入沥青层中。

一般碾压三遍即可开放交通。

注意事项

1 · 施工应在晴天且路面干燥的条件下进行。

2 · 海拔较高气温较低地区,在撒铺细料前,应将细料炒热备用,其施工效果更佳,细料温度以50~70℃为宜。

冷铣刨—热摊铺

❶ 路面病害确定

对路面病害进行处治之前,需对路面病害进行实地调查,认真记录病害位置、面积、深度并初步确定形成原因。

❷ 划定施工区域

用粉笔把确定的修补范围标出,然后用切割机将修补范围边线切出,切缝深度不小于4cm。

❸ 病害路面铣刨

根据确定的铣刨面和深度,沿着行车方向进行铣刨。若病害较严重,影响深度较深,则应加大铣刨深度,直至露出坚实的底层为止。当铣刨深度大于8cm时,铣刨过程中要注意预留台阶以便于拼接,预留台阶宽度不小于20cm。

❹ 界面清理

对铣刨面进行检查和测量,查看铣刨面是否平整、松散物是否都完全铣刨掉、槽壁是否整齐垂直;利用高压吹风机对槽底进行清理,吹净灰尘以及杂物。

❺ 喷洒乳化沥青

在干净的槽底、槽壁上喷洒一薄层乳化沥青黏层油,并注意不能形成黏层油堆积,用量控制在 $0.3 \sim 0.6 kg/m^2$,宜为 $0.5 kg/m^2$。

❻ 填筑沥青混合料

若修补面积较小,可采用人工摊铺方式;若修补面积较大,人工摊铺难以保证平整度时,应采用摊铺机进行摊铺。

当铣刨深度超过10cm时,应分层进行摊铺;对于摊铺不到的边角,要及时进行人工填补。

❼ 碾压

碾压采用钢轮压路机以及胶轮压路机,分初压、复压、终压三道工序,施工时注意碾压速度、碾压温度、碾压遍数。

❽ 封边及标线恢复

为避免路表水沿着修补接缝处下渗至路面深处,压实后,使用灌缝设备沿着接缝处进行封边,形成具有一定宽度的密封带,封边工艺要求与裂缝灌缝处治一致。待修复路面冷却后,应对路面施工质量进行自检,合格后用画线车恢复标线,待标线漆固化后开放交通。

注意事项

1. 对于一些不完全是由路面原因引起的病害,在施工之前要作前期处治。如发现大面积严重沉陷,要调查沉陷的形成原因,如属路基不均匀沉陷或滑移,则要对路基进行稳固处理。待路基稳定后,对超过15cm的沉陷可做水泥碎石基层,超过10cm的沉陷进行沥青碎石或粗粒式沥青混凝土填补。

2. 切割机切边主要是为了保证边线笔直、坑槽槽壁垂直、槽边整齐。

回填压实

❶ 施工准备

根据路面局部沉陷的病害情况估算材料用量。

检查施工机械设备,确保设备运转正常。若采用厂拌沥青混合料,可直接将拌好的热料装入保温设备中;若采用成品料,需提前12小时将成品料放入热料仓预热。

❷ 划定处治范围

用粉笔画出处治范围轮廓线,处治范围应全部覆盖病害范围,并满足"圆洞方补、斜洞正补"的几何图形要求,保证病害处治的图形美观。

❸ 涂刷热沥青

在处治范围内均匀喷洒热沥青并及时用刮板摊刮均匀。热沥青摊刮温度以 120~140℃ 为宜（低温地区温度可提高 10℃）。温度过高，沥青易流淌；温度过低，沥青不易摊刮。

刮刷厚度以 1mm 为宜，用油量控制在 0.8~1.0kg/m²。

❹ 回填、压实

将沥青混合料摊铺至沉陷病害范围内，按 1.15~1.3 的松铺系数确定回填混合料体积。采用轻型压路机或小型压实设备对回填沥青混合料进行压实，碾压 5~6 遍，碾压时混合料温度不低于 120℃。回填的热拌沥青混合料冷却至 50℃ 以下后开放交通。

精铣刨

❶ 施工准备

用粉笔画出确定的铣刨范围,检查施工设备是否正常工作,根据安全作业规程进行交通管制,摆放交通安全标志。

❷ 病害路面铣刨

将精铣刨机开至铣刨位置处,沿行车方向开始铣刨,铣刨过程中注意高程控制。

❸ 铣刨后清扫,开放交通

铣刨料装车处理,并将铣刨后的路面清扫干净,检查路面无明显混合料颗粒。

施工完毕后按规定拆除安全标志,开放交通。

撒布碎石

❶ 轻度泛油路段

轻度泛油的路段,可撒 S14(3~5mm) 的碎石或粗砂,通过行车碾压至不粘轮为宜。

❷ 较重泛油路段

泛油较重的路段,根据情况可先撒 S12(5~10mm) 的碎石,待稳定后,再撒 S14(3~5mm) 的碎石或粗砂,通过行车碾压至不粘轮为宜。

❸ 严重泛油路段

严重泛油路段，一般在高温季节撒料进行强压处理，先撒一层 S10(10~15mm) 或更粗粒径碎石，用重型压路机强行碾压，达到基本稳定后，再分次撒布 S12(5~10mm) 的粗砂，引导行车碾压成型。

❹ 清扫浮料后开放交通

碾压结束后，用扫帚将路表面悬浮碎石清扫干净。

施工完毕，按规定拆除安全标志，开放交通。

注意事项

1. 碎石撒布要均匀，无堆积、无空白，均匀压入。泛油路段处治后，路面不应有碎石，且沥青与碎石黏结良好。

2. 撒布碎石时，应先撒布粗碎石，然后再撒布细料，并利用压路机将碎石压入路面，与原路面形成良好的结合。

水泥路面日常养护典型工艺

接缝修复

❶ 清缝

利用清缝机剔除原接缝中填缝料，清理深度控制在 4cm 左右，必要时采用钢丝刷清刷裂缝边缘灰尘，用高压吹风机吹净裂缝周围及裂缝内的杂物及灰尘。

❷ 灌缝处治

利用灌缝机将加热到要求温度的密封胶灌入裂缝，灌缝方向由低的一端向高的一端灌注，灌缝应均匀一致，避免漏灌和填缝料外溢现象。

如有漏灌现象则人工及时补齐。填缝料外溢流淌到接缝两侧面板，影响路面平整度与路容时应予以清除。灌缝结束后，待密封胶完全冷却 15~30min 后开放交通。

轻微裂缝修复

扫扫看

❶ 预热密封胶

启动密封胶加热设备,当加热至 80~100℃后,启动沥青搅拌器对密封胶进行搅拌,以保证密封胶受热均匀。当密封胶被加热到 160~180℃时,采取保温措施,即可灌注裂缝。

❷ 清扫裂缝

用扫帚进行清扫,必要时采用钢丝刷清刷裂缝边缘灰尘,用高压吹风机吹净裂缝周围及裂缝内的杂物及灰尘。

当气温低于 10℃或裂缝内壁潮湿时,需对裂缝进行加热烘干,采用加热喷枪预热裂缝边缘部位。

❸ 灌缝处治后开放交通

利用灌缝机将加热到要求温度的密封胶灌入裂缝，灌缝方向由低的一端向高的一端灌注，灌缝应均匀一致，避免漏灌和填缝料外溢现象。如有漏灌现象，则人工及时补齐。

填缝料外溢流淌到接缝两侧面板，影响路面平整度与路容时应予以清除。

灌缝结束后，待密封胶完全冷却 15~30min 后开放交通。

板角断裂修复

❶ 切缝、凿除混凝土

视板角断裂面大小切缝,切缝边距离裂缝不小于20cm。全深凿除缝内部分,保证缝壁垂直,保留、补齐槽内钢筋。

❷ 安装传力杆、设下封层、浇筑混凝土

沿行车方向在板中设滑动传力杆,间距30cm。

处理不良基层,铺设下封层,对原路面板的接缝面涂刷沥青。

浇筑水泥混凝土,洒养生剂,与原面板之间的接缝处切缝、灌缝。

待强度达到要求后开放交通。

坑洞病害修复

❶ 切缝、凿除混凝土

确定施工尺寸,切槽、凿除原处混凝土,并扫净吹干。

❷ 涂刷黏结剂、浇筑混凝土

在坑槽面均匀涂刷一层黏结剂。

按原混凝土强度等级配制混凝土,并掺加早强剂,填入拌好的混凝土,振捣出浆。

喷洒养生剂,待混凝土强度达到要求后开放交通。

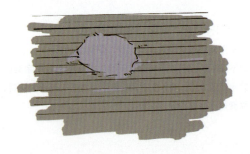

拱起病害修复

❶ 拱起端切缝
将拱起端两侧的 1~2 条横缝切宽、切深,释放其应力。

❷ 板块复位、清缝
切除拱起端,将板块恢复原位。
板块恢复原位后,在缝隙和其他接缝内进行清缝,并灌填缝料。

错台病害修复

❶ 打磨法

打磨法适用于高差较小、不超过 10mm 的错台病害。

打磨从错台最高点开始向四周扩展,边磨边用 3m 直尺找平,直至相邻两块板齐平为止。

磨平后,将接缝内杂物清除干净并吹净灰尘,及时填入嵌缝料。

❷ 填补法

扫扫看

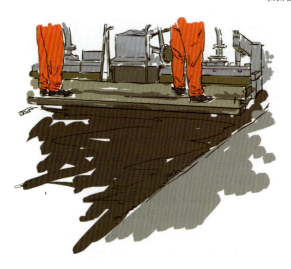

填补法适用于高差大于 10mm 的严重错台。

清除路面杂物和灰尘,并喷洒一层热沥青或乳化沥青黏层油,沥青用量为 0.4~0.6kg/m²。

人工填补沥青砂,用轮胎压路机碾压,修补后纵坡变化不超过 1%。

养生待混凝土强度达到要求后开放交通。

❸ 板块修补法

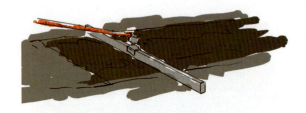

板块修补法适用于板端发生破损或断裂的情况,包括以下几个步骤。

损坏部分处理:切割、凿除断裂或损坏部分。

浇筑水泥混凝土:强度等级不小于原板块强度。

表面处理:采用机械刻槽或人工拉毛的方式进行表面处理。

养生放行:水泥混凝土养生,达到通车强度要求后开放交通。

桥涵

4

桥涵日常养护作业

桥涵日常养护作业内容

序号	作业对象		内 容
1	桥梁上部结构	桥面系	桥涵保洁；排水设施清理、修复；伸缩缝堵塞清理、损坏修复；小型构件损坏修复、锈蚀处治；桥面铺装病害处治；桥头跳车处治；小桥涵背跳车处治；灯柱歪斜及破损修复；标志、标线、安全设施清洁及修复
		钢筋混凝土梁桥	构件表面污垢清理；局部破损修复；梁体露筋处理；开裂处治
		预应力混凝土梁桥	同钢筋混凝土梁桥养护内容
		钢桥	污垢清洁；局部锈蚀补漆；铆钉、螺栓更换；附属构件杆件维修更换；木板面板破损修复
		拱桥	污垢清理、局部破损修复、局部冲刷处治
		斜拉桥	日常保养、除湿除锈及局部轻微病害处理
		悬索桥	日常保养、除湿除锈及局部轻微病害处理
		支座	日常保洁、除污除垢
2	桥梁下部结构	墩台基础	局部冲刷处治；铺砌损坏修复
		锥坡、翼墙	锥坡及侧翼局部损坏修复
		墩台	表面清洁；杂物堆积清理；灰浆脱落处治；风化损坏修复；镶嵌风化处理；砌块裂缝处理
3	通道跨线桥	通道	裂缝处治；渗水处理；积水堵塞处理
		跨线桥	桥面保洁；排水系统阻塞疏通；设施损坏修复
4	漫水桥及漫水路面	漫水桥	桥孔堵塞疏通；局部破损修复
		漫水路面	淤泥、堆积杂物清理；圬工砌体松动缺失修复
5	调治构造物		清理堆积源流物；局部破损修复
6	涵洞		淤泥、堆积杂物清理；涵底涵墙渗漏处治；风化、开裂处治；填缝料脱落修复；盖板损坏修复；小桥涵背跳车处治；涵管破损修复；迎水设施冲蚀、破坏修复

桥涵日常养护典型工艺

桥涵保洁

扫扫看

  桥面涵顶要经常进行清扫,每月至少 1 次,保持桥面涵顶清洁完整,清洗后桥面横坡应与原路拱横坡一致,保证排水畅通。

  在雨后应及时检查泄水管是否畅通,是否存在桥面积水;冬天结冰或下雪后,应及时清除桥涵上的冻块和积雪。

  及时清除伸缩缝内的沉积物。

注意事项

梁体的污垢宜用清水洗刷,不得使用有腐蚀性的化学清洗剂。

桥梁排水系统

扫扫看

❶ 排水设施堵塞

排水设施发现堵塞后要及时进行处治,保持排水畅通,包括清理引水槽、疏通泄水管等。雨季期间必须及时清通泄水孔,保证桥面泄水孔畅通。

雨水较多地区且原桥台没有设置泄水孔的,则在桥台适当增加泄水孔。泄水孔入口可增加活动式隔离网,方便隔离异物和疏通泄水孔。

❷ 排水设施损坏

排水设施发生损坏时,应及时进行修复,可采用水泥砂浆修补或重新砌筑构件。

桥梁栏杆、护栏的养护

钢护栏刷漆

❶ 布设安全区

布设养护维修作业控制区。

❷ 护栏打磨

可利用钢刷、砂纸等打磨护栏扶手及支架除锈。

❸ 刷漆

注意事项

1. · 栏杆、人行道缺损需及时按原结构预制、更换或修复。

2. · 钢筋混凝土栏杆如发现裂缝或剥落，轻者可灌注环氧树脂，严重的应凿除损坏部分，按原结构修补完整。

3. · 钢制栏杆应每年定期除锈刷漆，原则上一年油饰 1 次。

4. · 护栏应牢固、可靠，若有损坏应及时按原结构修复。

5. · 护栏上的外露钢构件应每年定期除锈刷漆。

钢筋混凝土梁桥梁体露筋修复（非结构性破坏）

❶ 凿除松动保护层

用风镐、短钢钎、手锤等工具，剔除露筋、剥落、空洞、开裂部位的松散混凝土及以前的修补材料，用水枪配合毛刷将作业面清理干净。

❷ 钢筋除锈

用钢丝刷对暴露的钢筋进行除锈，将钢筋表面的锈迹、油污、灰尘、混凝土碎片等杂物彻底清除干净。如果钢筋生锈严重，考虑通过帮焊的方式对钢筋进行补强处理。

❸ 刷阻锈剂

用刷子在钢筋表面涂刷阻锈剂。

❹ 修补复原

修补用的混凝土强度等级应比原强度等级提高一级，在 pH 值小于 5.6 的地区，所用水泥应根据环境特点采用耐酸的硅酸盐水泥、抗铝硅酸盐水泥等。

受拉区修补用的混凝土宜用环氧树脂配制，受压区修补用的混凝土可用膨胀水泥配制。

支座保养

支座各部位应保持完整、清洁,每半年至少清扫1次。清除支座周围的油污、垃圾,防止积水、积雪,保证支座正常工作。

滚动支座的滚动面应定期涂润滑油(一般每年1次)。在涂油之前,应把滚动面揩擦干净。

对钢支座要进行除锈防腐。除铰轴和滚动面外,其余部分均应涂刷防锈油漆。

及时拧紧钢支座各部接合螺栓,使支承垫板平整、牢固。

应防止橡胶支座接触油污引起老化、变质。

滑板支座、盆式橡胶支座的防尘罩,应维护完好,防止尘埃落入或雨、雪渗入支座内。

墩台表面病害修复

扫扫看

保持墩台表面整洁,及时清除墩台表面的青苔、杂草、灌木和污秽。桥梁上下游除草宽度为桥梁上下游外宽5m。

对发生灰缝脱落的圬工砌体,应清除缝内杂物,重新用水泥砂浆勾缝。墩台身表面剥落或损坏深度在3cm以内的,先用钢丝刷清理界面,用酒精或清水除灰,界面干燥后涂刷混凝土界面剂,再用M10水泥砂浆进行抹面修补。当损坏面积较大且深度超过3cm时,不得用砂浆修补,而须采用挂网喷浆或浇筑混凝土的方法修补。

墩台表面发生侵蚀剥落、蜂窝麻面、裂缝、露筋等病害时,应采用水泥砂浆修补。

因受行车震动影响,不宜用水泥砂浆补牢的,应考虑采用环氧树脂或其他聚合物混凝土进行修补。

漫水桥养护

在洪水期或流冰到来之前,对漫水桥做好以下预防工作:

与气象部门、河道及上游水库管理部门保持联系,了解水文信息,以便做出计划安排,采取应急措施。

修缮上下游的导流构造物,清除桥孔下及桥位上游的堆积体。

检修上部结构,对易被浮起的桥跨结构应将各部件、块件连成整体,加强基础的防护以抗冲刷。设有活动栏杆的应予以拆除。

在洪水期间,要防止漂浮物堵塞桥孔,威胁桥梁安全。

每次洪水、流冰过后,应及时进行下列养护:

清除存留于桥梁各个部位、缝隙中的淤泥、杂物,并进行冲洗;清除桥孔下及上游河段的淤积。

修复局部破损、剥落、锈蚀的部件。

桥头锥坡、翼墙等如有冲空或下沉,应及时修补。

涵洞、通道清淤

扫扫看

　　涵洞的洞口应保持清洁，发现杂物堆积应及时清除。涵洞内应保持排水畅通，发现淤塞应及时疏通。

　　雨季因漂浮物、泥石流阻塞，要及时清通。

　　经常性积水或淤积的涵洞、通道，可在涵洞上游路基外大于50m处增设积水坑，解决经常性积水或淤积。

涵洞、通道渗漏

疏通水道，使洞口铺砌与上下游水槽坡道平齐顺适。

保持洞内底面平顺，并有适当纵坡。

用水泥砂浆对涵底和涵墙重新勾缝。

若有裂缝应及时处治，可采用混凝土恢复，再用厚度 2cm 的水泥砂浆抹面。

隧道

隧道日常养护作业

隧道日常养护作业内容

序号	作业对象	内　容
1	土建结构	洞口清洁；危石及异物清理；结构损坏修复；标志标线损坏修复；洞内路面病害修复；清理堆积杂物；构件锈蚀处理；风道板损坏修复；构件破损处理、缺失更换；排水设施阻塞疏通
2	机电设施	机电设施清洁；供配电、照明、通风、监控与通信、消防设施检查、修复更换；救援设施检查；应急电话功能检查
3	其他工程设施	设施清洁；清理杂物

隧道日常养护典型工艺

路面清洁

❶ 隧道路面机械化清洁

❷ 隧道路面人工清洁

隧道路面应保持干净、整洁,两侧边沟不应有残留垃圾等物品。

隧道路面主要以人工清洁和机械化清洁相结合的方式,清扫时应防止产生扬尘。

路面被油类物质或其他化学品污染时,应先撒砂、撒木屑或用化学中和剂处理,然后进行清扫,必要时再用水冲洗干净。

内装饰清洁

❶ 隧道洞身人工清洁

❷ 隧道内装饰清洁工作流程

```
开始
  ↓
布设养护维修作业控制区
  ↓
现场清洗，根据需要
选择干法清洗
或湿法清洗
  ↓
整理施工现场，清理
相关杂物，并收取安全
作业设施
  ↓
结束
```

隧道的顶板、内装饰、侧墙和洞门清洁应保持干净、整洁，无污垢、无污染、油污和痕迹。

顶板、内装饰和侧墙的清洁宜以机械作业为主，以人工作业为辅。采用湿法清洁时，应防止路面积水和结冰，并应注意保护隧道内机电设施的安全，防止水渗入设施内。清洗用的清洁剂宜选用中性清洁剂。清洁剂应冲洗干净。

采用干法清洁时，应避免损伤顶板、内装饰和侧墙，以及隧道内机电设施。清洁时应采取必要的降尘措施。对不能去除的污垢，可用清洁剂进行局部特别处理。

排水设施清理疏通

❶ 隧道洞口边沟定期维护

❷ 排水沟定期清淤

隧道排水设施应保持无淤积、排水通畅。

在汛前、汛中和汛后以及极端降水天气后,应对排水设施进行检查和清理疏通。

在冰冻季节,应增加排水沟的清理频率。

对于纵坡较小的隧道或隧道的洞口区段,应增加清理和疏通的频率;对于窨井和沉沙池,应将其底部沉积物清除干净。

标志标线清洁

　　标志、标线和轮廓标应保持完整、清晰、醒目。
　　当标志、标线和轮廓标表面有污染,影响其辨认性能时,应及时进行清洗。
　　清洗标志、标线和轮廓标时,应避免损伤其表面覆膜或涂层等。

供配电设施检查及维护

养护人员应持有特殊工种上岗证书,并配备专门的电工检修工具。

当供电线路存在异常情况时,应采取措施并及时通知有关部门。

供配电设施需进行带电养护作业时,应使隧道内、变配电室及中心控制室相互协调,密切配合,并严格按电气操作规程的有关要求进行。

照明设施检查及更换

扫扫看

❶ 隧道照明设施检修

❷ 隧道照明设施清洁流程

- 开始
- 布设养护维修作业控制区
- 照明灯清洁
- 整理施工现场,清理相关杂物,并收取安全作业设施
- 结束

照明设施检修应配备电工工具、高空作业车、清洁卫生用具。照明设施检修后,隧道路面亮度应满足设计要求。

通风设施检查及维护

扫扫看

❶ 隧道通风设备

❷ 隧道通风设备维护

通风设施检修应按各种设备的操作规程和养护要求进行,并使主要性能指标,如风速、推力、功率、噪声及防护等级等符合产品说明书的要求。

通风设施检修应配备专用电工工具和机修工具,必要时尚应配备风压计、风速计、声级计等相关设备。

在进行定期检修和专项工程后,应对隧道通风设施的效率进行全面测试,通风设施经检修后其通风能力应满足设计要求。

监控与通信设施检查及维护

❶ 隧道监控设备维护

❷ 隧道信号设备维护

公路隧道监控软件系统维护宜不少于每年 1 次。

维护时应按使用说明或用户手册进行,保证联动运行功能的实现和软件可靠性各项技术措施的落实。

消防设施检查及清洁

扫扫看

❶ 隧道消防设施检查

❷ 隧道消防设施标志清洁

应定期对隧道消防设施进行检查,确保消防设施的完好和时效性。

消防设施标志应定期清洁,并保持完好、醒目。

横通道、人行道、检修道日常养护

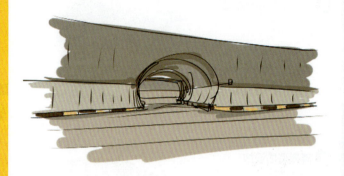

横通道内严禁存放任何非救援用物品,应及时清除散落杂物,修复轻微破损结构;应定期保养横通道门,保证横通道清洁、畅通。

保持人行道或检修道平整、完好和畅通,人行道或检修道不得积水,当道板有破损、翘曲或缺失时,应及时进行修复和补充;应定期保养人行道或检修道护栏,护栏应保持完好、清洁、坚固、无锈蚀,立柱正直、无摇动现象,横杆连接牢固,当有缺损时,应及时恢复。

其他工程设施日常养护

扫扫看

洞口边坡绿化自然,无落石、积水等,绿化、植被应与周围环境协调。

应定期清除电缆沟、设备洞室内的杂物积尘,清理排水设施,保持电缆沟内整洁、设备洞室内无积水。

应定期清扫洞外联络道路面、清洁隔离设施、清理排水设施,确保紧急情况下车辆、人员正常通行。

保持限高标志清晰醒目,修复门架撞击痕迹,矫正门架局部变形,保证满足限高要求。

安全设施

6

安全设施日常养护作业

安全设施日常养护作业内容

序号	作业对象	内容
1	安全设施	防眩板、轮廓标维护,波形梁钢护栏维护,钢筋混凝土护栏维护,缆索式护栏维护,隔离栅维护,里程碑、百米桩、界碑、示警桩维护、避险车道、视线诱导设施,减速设施、转弯广角镜维护与更换
2	交通标志	标志牌保洁、标志牌维护、标志牌视线恢复
3	交通标线	标线清洁、标线恢复、突起路标修复

安全设施日常养护典型工艺

防眩板、轮廓标维护

❶ 防眩板维护与更换　　　**❷ 轮廓标维护与更换**

　　应有计划地定期组织养护工人用抹布清洗轮廓标、防眩板。如遇雨天，宜在雨后天晴时及时组织清洗。

　　更换防眩板时，在护栏板上初步固定防眩板支架，调整托架间距尺寸，确保托架表面水平，然后安装防眩板，检验防眩板垂直度，根据护栏板线形左右调整防眩板线形，使防眩板线形与护栏板线形一致。

　　调整防眩板板面与路中心线成120°偏角，拧紧防眩板底座螺丝，固定防眩板，然后检验防眩板线形、垂直度、偏角，带线调整，直至合格为止。

　　轮廓标变形或反光膜脱落、损坏时应进行整形或更换。

波形梁钢护栏保洁

扫扫看

经常清除护栏周围的杂草、杂物等。

有计划地定期组织养护工人用抹布、拖把清（擦）洗；如遇雨天，宜在雨后天晴组织清洗；有条件的可用自动清洗机械设备清洗；对于无法清洗除掉的污染位置可用喷漆的方法处治。

波形梁钢护栏更换

❶ 打孔放样

❷ 立柱埋设

对损坏、变形的立柱进行更换维修时,先预制浇筑尺寸为 50cm×50cm×50cm 的护栏立柱基础,按立柱线形位置中心预留桩孔,混凝土成型后,将护栏立柱插入桩孔。

在桩孔内填入少许黄砂填充,调整立柱高度和立柱间距,保证立柱线形顺适,托架孔位置在同一水平线上,然后挂板整型。

最后对护栏基础预留桩孔表面做 10cm 的 C20 混凝土压顶,立柱维修时使用垂球悬挂方法控制立柱与垂直线线形偏移不超过 30mm/m,表面抹平后与原表面误差控制在 ±2mm 以内。

对损坏的端头或护栏板,能再用的拆除后校正,然后重新安装;不能再用的,拆除后更换,并在新端头贴上反光膜。

❸ 安装防阻块

防阻块通过连接螺栓固定在波形梁与立柱之间,再拧紧螺栓调整防阻块精准就位。

❹ 护栏安装

波形梁通过拼接螺栓相互拼接,由连接螺栓固定于防阻块上,搭接方向应与行车方向一致。

混凝土护栏维护

扫扫看

通过日常巡查,保洁人员应及时清除混凝土护栏表面污染,保证路容路貌;并及时清洁线性诱导标污染,对脱落、丢失、破损部分及时予以更换。

混凝土护栏重新刷漆前,应清除表面上原有涂料,凿除松动部分,修复缺损部分。涂刷后,应光滑、无凹凸现象,色泽一致。

对混凝土护栏表面局部破损,应及时组织维修人员清理损坏构造物,用同等标号的水泥混凝土修补。

缆索护栏维护

定期清洗加油,查看钢丝磨损程度、断丝情况、腐蚀程度及滑轮槽、吊环、吊钩等易损部件的磨损情况,及时更换。

隔离栅维护

及时扶正歪斜的隔离栅,及时清除隔离栅上攀附的植物。

对开口护网只需绑扎或焊接即可,绑扎护网采用8号铁丝,绑扎或焊接后,顺直度和垂直度须基本保持原状。

缺少护网或无法绑扎,需重新设置护网,先预浇预埋护网立柱,立柱基础尺寸为30cm×30cm×40cm,预浇混凝土掺入早强剂,立柱混凝土强度满足要求后,及时安装网片。

里程碑、百米桩、界碑、示警桩维护

❶ 挖除损坏部分

❷ 安装新公里碑

  定期清洁并及时扶正里程碑、百米桩、界碑、示警桩等，修复或更换变形损坏部分。

  及时按原样补栽百米桩、里程碑、界碑、示警桩。示警桩上的反光膜，要保证其颜色鲜艳、醒目、反光效果良好。

  及时对里程碑、百米桩、界碑、示警桩按原样重新油漆。

避险车道维护

 避险车道制动床集料应定期翻松,以免板结,每次翻松至少60cm深。在失控车辆被拖出制动床后,尽快清除污染物,铺平整型制动床集料。

 注意周边排水设施的检查,如有堵塞、损坏等情况要及时恢复,避免流水挟带泥沙板结密实制动床集料。

 加强避险车道预告标志的养护,如有缺损、污染的要及时修复、清洁,保证标志清晰完好。

视线诱导设施维护

  定期清洁视线诱导设施,清扫周围杂物及遮挡物,及时修复或更换松动、损坏部件。

减速设施维护

及时清除杂物,保证减速设施提醒标线清晰可见,对无减速功能的减速设施进行恢复或更换。

转弯广角镜维护

❶ 拆除破损镜面

❷ 更换新镜

及时清洗镜面污染，调整正确角度，保证广角镜视线。
发现破损后，拆除破损旧广角镜。
更换新镜面，调整正确角度，保证广角镜视线。

标志牌维护

及时清除标志牌及支柱上的污染,定期组织对标志牌进行清洗。

对已变形、损坏的交通标志牌及支柱,应当在发现后及时予以修复、更换。

如标志牌、立柱出现锈蚀,可涂刷立柱油漆,更换面板反光膜。

对标志牌板面反光性能差,反光材料褪色、剥落的,要及时予以更换。

对松动、脱落、丢失、锈蚀的连接件及时予以更换。

若标志牌牌面设置的角度不正确,应及时安排复位;对影响标志牌视线的行道树、杂草要及时予以砍除。

标线清洗

　　遇到标线污染情况，应在路面清洁时进行清扫、冲洗，保证其易于辨认。

标线修复

扫扫看

❶ 铣刨旧标线

❷ 标线翻新

施工前使用专门的除线机铣掉原有的残线,对旧沥青和水泥路面要先涂刷底漆以加强黏结力,用手刷或机喷于旧沥青或水泥路面上,干后即可涂布热熔标线,标线未干时撒上反光玻璃珠,并注意避免与原标线错位。

热熔型涂料的厚度为 1.5mm(边缘线)、1.8mm(车道分界线),振动标线厚度为 6mm±0.2mm,突起厚度为 4mm。涂料中应混合占总重量 18%~25% 的玻璃微珠,在喷涂时,普通热熔标线表面应均撒布 0.3kg/m² 的玻璃微珠,减速振动标线表面应均撒布 0.5kg/m² 的玻璃微珠。

绿化

7

绿化工程日常养护作业

绿化工程日常养护作业内容

序号	作业对象	内容
1	绿化养护	浇水排水、施肥、修剪、支撑、扶正、行道树刷白
2	绿化栽植	行道树、花草补植

绿化工程日常养护典型工艺

绿化浇水排水

❶ 人工浇水

❷ 机械化浇水

浇水应根据不同植物生物学特性、树龄、季节、土壤干湿程度确定,做到适时、适量、不遗漏;每次浇水要浇足浇透。

树木定植后一般乔木需连续浇水3年,灌木5年。土壤质量差、树木生长不良或遇干旱年份,则应延长浇水年限。

大树依据树种、树龄等具体情况确定浇水原则。

夏季高温季节应在早晨和傍晚进行,冬季宜在午后进行。

雨季应注意排涝,及时排除积水。

绿化施肥

为确保植物正常生长发育,要定期对树木、花卉、草坪等进行施肥。

施肥应根据植物种类、树龄、立地条件、生长情况及肥料种类等具体情况而定。

施肥对象为定植五年以内的乔、灌木,生长不良的树木,木本花卉,草坪及草花。

施肥分基肥、追肥两类。基肥一般采用有机肥,在植物休眠期内进行;追肥一般采用化肥或复合肥,在植物生长期内进行。基肥应充分腐熟后按一定比例与细土混合后施用,化肥应溶解后再施用。

干施化肥一定要注意均匀,用量宜少不宜多,施后必须及时充分浇水,以免伤根伤叶。

乔、灌木施肥应挖掘施肥沟、穴,以不伤或少伤树根为准,深度不浅于30cm。

绿化施肥量

类型	乔木	灌木	色块灌木和绿篱	草坪
施基肥	不少于20kg/ (株·次)	不少于10kg/ (株·次)	不少于0.5kg/ (m^2·株)	不少于0.2kg/ (m^2·次)
干施化肥	不超过250g/ (株·次)	不超过150g/ (株·次)	不超过30g/ (m^2·次)	不超过10g/ (m^2·次)

绿化修剪

修剪行道树

修剪应根据树种习性、设计意图、养护季节、景观效果,达到均衡树势、调节生长、姿态优美、花繁叶茂的目的。

应对遮挡沿线交通标志、标牌的植物及时修剪。

常规修剪以保持自然树型为基本要求,按照"多疏少截"的原则及时剥芽、去蘖、合理短截并疏剪内膛枝、重叠枝、交叉枝、下垂枝、腐枯枝、病虫枝、徒长枝、衰弱枝和损伤枝,保持内膛通风透光,树冠丰满。造型修剪以剪、锯、捆、扎等手段,将树冠整修成特定的形状,达到外形轮廓清晰,树冠表面平整、圆滑、不露空缺、不露枝干、不露捆扎物。

乔木修剪

乔木的修剪一般只进行常规修枝，对主、侧枝尚未定型的树木可采取短截技术，逐年形成三级分枝骨架。

庭荫树的分枝点应随着树木生长逐步提高，树冠与树干高度的比例应在 6∶4~12∶3。行道树在同一路段的分枝点高低、树高、冠幅大小应基本一致，上方有架空电力线时，应按电力部门的相关规定及时剪除影响安全的枝条。

乔木修剪流程

灌木修剪

灌木的修剪一般以保持其自然姿态,疏剪过密枝条,保持内膛通风透光。

对丛生灌木的衰老主枝,应本着"留新去老"的原则培养徒长枝或分期短截老枝进行更新。

观花灌木和观花小乔木的修剪应掌握花芽发育规律,对当年新稍上开花的花木应于早春萌发前修剪,短截上年的已开花枝条,促使新枝萌发。对当年形成花芽,次年早春开花的花木,应在开花后适度修剪,对着花率低的老枝要进行逐年更新。

在多年生枝上开花的花木,应保持培养老枝,剪去过密新枝。

灌木修剪流程

草坪修剪

草坪的修剪草坪的修剪高度应保持在6~8cm,当草高超过15cm时必须进行修剪。

草坪修剪流程

支撑、扶正

倾斜度超过 10°的树木,须进行扶正,落叶树在休眠期进行,常绿树在萌芽前进行。扶正前应先疏剪部分枝桠或进行短截,确保扶正树木的成活。

每年雨季前要对支撑进行一次全面检查,对松动的支撑要及时加固,对嵌入树皮的捆扎物要及时解除。

行道树刷白

石灰水配制方法：生石灰10kg、硫黄粉1kg、食盐0.2kg，加水30~40kg搅拌均匀

利用刷子将石灰水均匀地涂刷在树干上。

行道树每年年底进行一次石灰刷白，刷白高度为路面高度起1.2m。

整体刷白顶面一条线与公路路面纵坡相对应一致。

对树干刷上涂白剂，可用效地防御冻害，防止病虫在树干上越冬，并杀死在树干上越冬的病虫害。

```
开始 → 配置刷白剂 → 放样，标注相应区域
                              ↓
清理完毕后，在粉刷边缘部位粘    涂刷前清除树干上的垃圾、
贴胶带，保证区域边缘整齐   ←    浮尘、老皮等确保黏附力
    ↓
结束 ← 先刷红漆箍圈，再进行刷白，对于凹处漏刷处进行补刷
```

行道树刷白作业流程

绿化栽植

为保持绿地植物的种植量，缺株断行应适时补栽。

补栽应使用同品种、基本同规格的苗木，保证补栽后的景观效果。

落叶树宜在11月至次年4月上旬补栽，常绿树宜在秋季或早春补栽，不耐寒种类宜在晚春补栽，开花早的树种可在花谢后补栽。

绿化栽植宜总体满足缺株地段补绿、密林地段补色、乔木灌木相间的要求。

草坪秃斑应随缺随补，保证草坪的覆盖度和致密度。

补草可采用点栽、播种和铺设等不同方法。

开始 → 整理修剪边坡 → 疏松土壤 → 施基肥 → 定点放线

结束 ← 养护管理 ← 浇水 ← 压实 ← 铺种 ← 切草块

草皮栽植作业流程

养护安全作业 8

养护安全作业注意事项

扫扫看

应按现行《公路养护安全作业规程》(JTG H30)、《公路工程施工安全技术规范》(JTG F90)中的有关规定,制订安全技术措施,严格执行安全操作规程,落实养护文明施工制度,保障养护作业与行车安全。

1. 上路作业人员必须统一着装,作业时须佩戴安全用品,保证安全。

2. 作业现场按 JTG H30 设置各类交通标志。所有标志均按规定统一配置,摆放整齐,指示醒目,整洁美观。

3. 机械设备有明显公路标志,并设置"养护施工,随时停车"字牌。

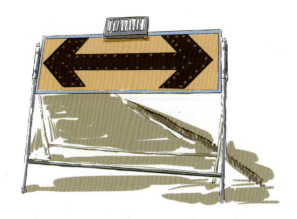

4. 设专人负责安全监管,设专人组织交通。
5. 夜间施工要有必要的照明设施和警示灯。
6. 施工作业现场规范,交通标志摆放齐全,交通组织有序,无安全隐患,作业现场保持整洁,采取有效措施减少粉尘,施工完毕要及时清除废料及杂物。

养护作业控制区

图中限速和解除限速标志仅为示例

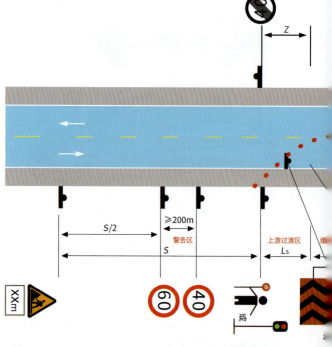

1. 养护作业控制区为公路养护维修作业设置的交通管理区域。

2. 长期和短期养护作业应按警告区、上游过渡区、缓冲区、工作区、下游过渡区及终止区6个区域顺序依次布置。

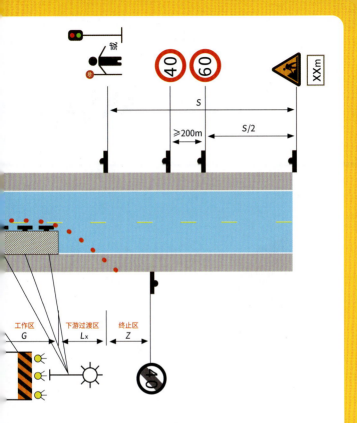

3. 临时养护作业的控制区可减小区段长度；有移动式标志车时也可不布置上游过渡区。

4. 移动养护作业的控制区可仅布置警告区和工作区，警告区长度可减小。

养护作业控制区常用防护设施

交通锥

防撞墙

水马

附设警示灯的路栏

养护作业控制区常用标志牌

施工标志

限速标志

解除限速标志

导向标志

禁止超车标志

解除禁止超车标志

闪光标志

车道数减少标志

图书在版编目（CIP）数据

普通国省道公路日常养护图册 / 云南省公路局，云南省交通规划设计研究院有限公司，中公高科养护科技股份有限公司主编. — 北京：人民交通出版社股份有限公司，2021.5

ISBN 978-7-114-17204-5

Ⅰ.①普… Ⅱ.①云…②中… Ⅲ.①高速公路—公路养护—图集 Ⅳ.①U418-64

中国版本图书馆CIP数据核字(2021)第062464号

Putong Guo-shengdao Gonglu Richang Yanghu Tuce

书　　名：	普通国省道公路日常养护图册	
著　作　者：	云南省公路局	
	云南省交通规划设计研究院有限公司（陆地交通气象灾害防治技术国家工程实验室）	
	中公高科养护科技股份有限公司（公路养护技术国家工程研究中心）	
责任编辑：	郭红蕊　韩亚楠	
责任校对：	刘　芹	
责任印制：	张　凯	
出版发行：	人民交通出版社股份有限公司	
地　　址：	(100011) 北京市朝阳区安定门外外馆斜街3号	
网　　址：	http://www.ccpcl.com.cn	
销售电话：	(010) 59757973	
总　经　销：	人民交通出版社股份有限公司发行部	
经　　销：	各地新华书店	
印　　刷：	北京武英文博科技有限公司	
开　　本：	880×1230　1/64	
印　　张：	2	
字　　数：	80千	
版　　次：	2021年5月　第1版	
印　　次：	2021年5月　第1次印刷	
书　　号：	ISBN 978-7-114-17204-5	
定　　价：	28.00元	

（有印刷、装订质量问题的图书由本公司负责调换）